Raffiniert würzen

AUTORIN: BETTINA MATTHAEI | FOTOS: WOLFGANG SCHARDT

Praxistipps

Extra

Rezepte

8 Feine Vorspeisen

22 Würzige Hauptgerichte

50 Verführerische Desserts

Vom Schmecken zum Würzen

Gerade vier Geschmacksrichtungen nimmt die Zunge wahr: süß, sauer, salzig und herb/bitter. Dazu noch scharf, das der Körper wie einen Schmerz empfindet. Doch Schmecken ist viel komplexer: Jede Geschmacksempfindung gibt es von ganz leicht bis sehr intensiv. Dazu Kombinationen wie süß-sauer oder salzig-herb. Und die Wahrnehmung der Strukturen wie weich oder knackig sowie die Temperaturen – kurz: das Mundgefühl. Wichtig ist das Zusammenspiel mit dem Geruchssinn. Die Nase kann tausende Aromen wahrnehmen. So kommen wir auf unvorstellbar viele Geschmacks- und Aroma-Kombinationen.

»Ideale« Kombinationen

Süß-scharf ist immer gut, ebenso süß-sauer oder süß-herb. Sauer passt gut mit scharf und salzig zusammen, wogegen sauer-herb oder salzig-herb ohne süßen Ausgleich selten als angenehm empfunden werden. Ideal sind Kombinationen, in denen möglichst viele Geschmacksempfindungen angesprochen werden.

Probieren Sie's mal aus

Auch Grundzutaten, die uns »neutral« erscheinen, haben einen Eigengeschmack. So kann man Milch, Butter oder Reis als süß bezeichnen. Nicht nur mit Salz, auch mit Käse, Oliven oder Sardellenpaste kann man salzig würzen. Chicorée und Radicchio, aber auch Walnüsse oder Olivenöl gehören zu den herben Lebensmitteln. Und nicht nur Essig und Zitrone machen sauer – auch Joghurt und Quark können das.

Hier ein Würz-Beispiel

Die leicht säuerlichen Tomaten vertragen ein wenig Honig. Dazu passt süß-aromatischer Zimt – schon ist das Säuerliche ausgeglichen. Getrocknete Aprikosen bringen eine weitere Süß-Komponente und Orangensaft hält leicht säuerlich dagegen. Diese Mischung verträgt eine gute Portion Schärfe. Nachzuschmecken in der Aprikosen-Tomaten-Suppe auf Seite 19.

Freestyle kochen

Wer geschmacklich geschult ist, hat sicher Spaß an unseren Freestyle-Rezepten. Freestyle heißt, verschiedene Zutaten ungewöhnlich zu kombinieren oder ausgefallen zu würzen. Oder Anregungen aus anderen Landesküchen abzuwandeln. Zum Beispiel die »Süße Exoten-Gazpacho« aus Früchten und Gewürzen auf Seite 54 – das Original ist bekanntlich eine Gemüse-Knoblauch-Kaltschale aus Spanien.

So braucht man nur die richtigen Zutaten und etwas Übung im Schmecken, und plötzlich wird der Kartoffelbrei nicht mehr mit Muskat gewürzt, sondern mit Chili. Und mit rosa Pfefferbutter beträufelt statt mit Butterbröseln. Und wohin mit der Muskatnuss? Für die haben wir eine neue Existenzberechtigung: Mit Haselnüssen, Rosinen und Zimt würzt sie das Hähnchen auf Seite 29.

Viel Spaß beim Kochen, Würzen & Genießen!

Mediterran würzen

Die mediterrane Küche lebt von sonnenreifem Gemüse, duftenden Kräutern, aromatischem Olivenöl, frischem Fisch, Lamm und Geflügel.

Sauer

Zitronen sind in der mediterranen Küche die klassischen Sauermacher. Mit ihrem Saft werden Fisch und Fleisch mariniert und Salatsaucen und Desserts gewürzt. Ihre Schale enthält ätherische Öle, die ein hocharomatisches, fein-säuerliches Würzmittel ergeben. Neben den traditionellen Rot- und Weißwein-Essigen wird der würzige, fein-säuerliche Aceto balsamico immer beliebter. Er würzt nicht nur die Vinaigrette, sondern auch Suppen, Vorspeisen und sogar Desserts.

Kräuterwürzig

Rosmarin, Thymian und Lorbeer sind die starken mediterranen Aromen. Rosmarin harmoniert mit Lamm und Kartoffeln, Thymian passt perfekt zu Auberginen oder Kaninchen, und Lorbeer sorgt für intensive Würze in Suppe und Schmortopf. Man kann diese Kräuter frisch oder getrocknet verwenden, wobei die ätherischen Öle der frischen Kräuter das intensivste und angenehmste Aroma abgeben.

Basilikum bringt süßlich-pfeffrigen Geschmack an Salate, Saucen und Pesto. Klassisch mit Tomate und Mozzarella. Man sollte Basilikum allerdings immer frisch verwenden. Großblättrige Bundware schmeckt kräftiger, herber, pfeffriger. Topfware ist meist zarter und schmeckt lieblicher.

Scharf

Schärfe und mediterraner Geschmack kommen von

- Schalotten: Glasig angedünstet sind sie würzige Basis vieler Gerichte; im Ganzen mitgeschmort entwickeln sie eine angenehme Süße.
- Knoblauch hat das Mittelmeer-Aroma schlechthin: würzig, gesund und perfekt zu Tomaten, Olivenöl, Schafkäse, Lamm, Zucchini oder Auberginen.
- Frühlingszwiebeln verbinden die Frische von Schnittlauch mit der Schärfe junger Zwiebeln.
- Pfeffer bringt, frisch gemahlen, angenehme Schärfe mit sowohl fruchtiger wie rauchiger Note. Er steigert den Eigengeschmack der Speisen und rundet damit jedes Gericht perfekt ab.

Asiatisch würzen

Die asiatische Küche ist vielseitig und besticht durch Farbe und Frische. Viele Zutaten bekommt man inzwischen im Supermarkt.

Säure Sie bringen die säuerlichen Akzente: Limette, Kaffirlimettenblatt und Zitronengras. Wer Bio-Limetten bekommt, kann auch die aromatische Schale verwenden. Kaffirlimettenblatt und Zitronengras lassen sich übrigens sehr gut einfrieren. Im Asia-Markt gibt es außerdem verschiedene säuerlich würzende Produkte wie z. B. Reisessig, Kokosessig, Tamarinden-Extrakt und verschiedene süßsaure Saucen.

Schärfe Unentbehrlich für die Schärfe der asiatischen Küche sind Knoblauch, Schalotten, frischer Ingwer und Chilis. Dazu Chilipasten wie z. B. würziges Sambal Brandal, süßliches Sambal Manis oder scharfes Sambal Oelek. Aus Japan kommt die meerrettichähnliche grüne Wasabipaste. Bei so viel Schärfe schaffen Basmatireis, Kokosmilch oder Erdnussmus milden Ausgleich.

Würze Sie sorgen in den verschiedenen Landesküchen für Würze: helle salzige oder dunkle süße Sojasaucen, klar-bräunliche Fischsauce und salzigscharfes Trassi, eine Paste aus getrockneten Garnelen. Dazu intensiv aromatisches Sesamöl, nussige Sesamsamen, Currypulver und -pasten von aromatisch-mild bis feurig-scharf sowie frisches Koriandergrün mit unverwechselbarem Aroma.

Orientalisch würzen

Verschwenderischer Umgang mit Gewürzen und kontrastreiche Geschmackserlebnisse von fruchtig, süß und sauer, dazu mehr oder weniger Schärfe.

Aromatisch-würzig & scharf Sie sind die wichtigsten orientalischen Gewürze: würzig-warmer und dabei beißend-scharfer Cumin und mild-würziger Koriander, belebend-frischer Kardamom, honigartig duftender Safran und süß-herber Zimt. Die beliebteste Gewürzmischung ist Baharat. Die Schärfe kommt von frischen Chilis, Pfeffer und Cayenne. Schnelle Schärfe gibt's in der Tube: Harissa, eine Paste aus Chili, Knoblauch und Gewürzen.

Süß & sauer Getrocknete Aprikosen, Datteln und Sultaninen bringen konzentrierte natürliche Süße – nicht nur an die beliebten üppigen Kuchen und Desserts, auch an pikante Gerichte wie Eintöpfe, Couscous oder Reisgerichte mit Lamm oder Huhn. Zitronen, Limetten, frische süß-saure Granatäpfel und frisch-herber Granatapfelsirup setzen säuerliche Akzente.

Frisch & nussig Minze und glatte Petersilie sind die gebräuchlichsten Kräuter, wobei Minze in Salaten, pikanten Gerichten und Desserts verwendet wird. Sesam und Tahini, eine Paste aus gemahlenen Sesamsamen, machen viele Gerichte üppiger. Mandeln, Pistazien und Pinienkerne ergänzen die Gerichte mit nussigem Geschmack, der sich durch das Rösten in einer Pfanne ohne Fett noch steigern lässt.

Feine Vorspeisen

Genießen Sie unsere Vorspeisen: als Starter in ein köstliches Menü, einzeln als kleinen Lunch, oder kombinieren Sie zwei oder drei zu einem unkomplizierten Mini-Menü... Kreativ gewürzt schmeckt auch ein einfacher Gurkensalat überraschend.

Warmer Gurkensalat mit Minzjoghurt

2 Salatgurken
1–2 Knoblauchzehen
6 Stiele Minze
2 EL Pinienkerne
1½ EL Olivenöl
Salz
schwarzer Pfeffer, frisch gemahlen
300 g cremiger Joghurt
3–4 TL Zitronensaft
2 TL Ahornsirup

Für 4 Personen | 30 Min. Zubereitung
Pro Portion ca. 155 kcal, 4 g EW, 11 g F, 10 g KH

1 Gurke waschen, schälen und quer dritteln. Mit einem Apfelausstecher entkernen. Gurkenstücke in 5 mm dicke Scheiben hobeln. Knoblauch schälen und fein hacken. Minze abbrausen, trockenschütteln, kleine Blättchen ganz lassen, größere fein hacken. Pinienkerne in einer Pfanne ohne Fett goldgelb rösten.

2 Olivenöl erhitzen, Gurken darin andünsten, Knoblauch dazugeben. Die Gurken bei mittlerer Hitze unter häufigem Wenden in 6–8 Min. knapp gar dünsten. Salzen und pfeffern.

3 Joghurt glatt rühren, mit Salz, Pfeffer, Zitronensaft und Ahornsirup würzen, gehackte Minze unterheben. Die heißen Gurkenscheiben mit dem Joghurt anrichten. Mit Pinienkernen bestreuen, mit Minzeblättchen dekorieren.

sommerlich | mediterran

Bulgursalat

80 g mittelgrober Bulgur
1 Bund Frühlingszwiebeln
2 rote Chilischoten
1 großer Granatapfel
3 große Bund glatte Petersilie
1 Bund Minze
3 EL Orangensaft
2 EL Granatapfelsirup
Salz | schwarzer Pfeffer, frisch gemahlen
2–3 TL Honig
4 EL Olivenöl

Für 4 Personen | 1 Std. Quellen
20 Min. Zubereitung | 30 Min. Ruhenlassen
Pro Portion ca. 270 kcal, 4 g EW, 13 g F, 37 g KH

1 Den Bulgur auf ein Sieb geben, kalt abspülen, bis das Wasser klar bleibt, mit Wasser bedeckt etwa 1 Std. quellen lassen.

2 Zwiebeln putzen und hacken. Chilis längs halbieren, putzen, entkernen, abspülen und fein hacken. Granatapfel halbieren, das Innere nach außen stülpen, die Kerne auslösen. Kräuter abbrausen und trockenschütteln, Blättchen hacken.

3 Orangensaft, Granatapfelsirup, Salz, Pfeffer, Honig und Olivenöl zu einer Vinaigrette rühren. Den Bulgur gut ausdrücken, mit Zwiebeln, Chilis, der Hälfte der Granatapfelkerne und der Vinaigrette mischen. Etwa 30 Min. ziehen lassen.

4 Petersilie und Minze locker unterheben, mit übrigen Granatapfelkernen bestreuen. Mit Fladenbrot oder Lammkoteletts und Salat servieren.

raffiniert | erfrischend

Thaisalat mit Tunfisch

1 Bund Frühlingszwiebeln
400 g Tunfischfilet (Sushi-Qualität)
4 EL Limettensaft
2 EL helle Sojasauce
200 ml Orangensaft
Salz | schwarzer Pfeffer, frisch gemahlen
3 EL neutrales Öl
1 große unreife Mango (oder 2 kleine)
1 Salatgurke
1 Kopfsalat
1 Bund Koriandergrün

Für 4 Personen | 50 Min. Zubereitung
Pro Portion ca. 400 kcal, 25 g EW, 25 g F, 16 g KH

1 Frühlingszwiebeln putzen, das Weiße fein hacken, das Grün schräg in sehr dünne Ringe schneiden. Tunfisch in 1 cm dünne Scheiben (etwa 3 × 4 cm) schneiden. 2 EL Limettensaft mit der Sojasauce und dem Zwiebelweiß mischen, Tunfisch darin etwa 30 Min. marinieren.

2 Inzwischen Orangensaft in 10 Min. auf etwa 50 ml einkochen lassen. Mit 2 EL Limettensaft, Salz, Pfeffer und Öl zu einer sämigen Sauce rühren.

3 Mango schälen, in großen Stücken vom Stein schneiden. Gurke schälen, längs halbieren, entkernen. Mango und Gurke grob raspeln. Salzen und pfeffern, mit Zwiebelgrün und Sauce mischen.

4 Salat putzen, die Blätter und das Koriandergrün abbrausen und trockentupfen. Korianderblättchen abzupfen. Eine Platte mit dem Salat auslegen, Gurkenmischung darauf häufen, Tunfisch darauf verteilen, mit Koriander bestreuen.

oben: Bulgursalat | unten: Thaisalat mit Tunfisch

fein als Snack

Mango-Safran-Dip

¼ TL Safranfäden | Salz | 3 EL Orangensaft | 1 reife Mango | 300 g Frischkäse (16 % Fett) | 2 TL heller Honig | 2 TL Limettensaft | schwarzer Pfeffer, frisch gemahlen | 2 Frühlingszwiebeln

Für 4 Personen | 30 Min. Zubereitung
Pro Portion ca. 135 kcal, 11 g EW, 3 g F, 16 g KH

1 Safran im Mörser mit 1 Prise Salz zerreiben, mit Orangensaft mischen. Mango schälen, vom Stein schneiden und pürieren. Durch ein Sieb streichen, mit Frischkäse, Honig, Limettensaft und Safranmischung verrühren. Pfeffern und salzen.

2 Die Frühlingszwiebeln putzen, das Weiße fein hacken und unter den Dip mischen. Das Grün in feinste Ringe schneiden, auf den Dip streuen.

3 Mit Sticks aus Kohlrabi, Möhren und rohem Blumenkohl oder gebratenen Streifen von Hähnchenfilet servieren.

Blitzrezept | ganz einfach

Avocado-Wasabi-Dip

1 Bio-Limette | ½ TL getrocknete grüne Pfefferkörner | 1 säuerlicher Apfel (etwa 180 g) | 2 reife Avocados | 100 g saure Sahne | 2–3 TL Wasabipaste (Tube) | Salz

Für 4 Personen | 15 Min. Zubereitung
Pro Portion ca. 305 kcal, 3 g EW, 29 g F, 6 g KH

1 Limette heiß waschen und abtrocknen. Schale fein abreiben, Saft auspressen. Pfeffer im Mörser zerdrücken. Apfel schälen, vierteln, entkernen und im Blitzhacker pürieren. Sofort mit dem Limettensaft mischen.

2 Avocados schälen, das Fruchtfleisch vom Stein schneiden, mit der Gabel zerdrücken. Mit saurer Sahne, Apfel, Wasabi und Limettenschale mischen. Mit Salz und Pfeffer abschmecken. Den Dip mit Reiscrackern, indischen Papadams oder Gemüsesticks (Möhre, Gurke, Stangensellerie) servieren.

Variante des Klassikers

Hummus à l'orange

2 Dosen Kichererbsen (Abtropfgewicht 250 g) | 2 Orangen, davon 1 Bio | 50 g Tahini | Meersalz | schwarzer Pfeffer, frisch gemahlen | 2 TL Paprikapulver, edelsüß | ¼ TL Cayennepfeffer | 1 TL Cumin, frisch gemahlen | 3 EL Olivenöl | 2 TL Schwarzkümmel

Für 4 Personen | 20 Min. Zubereitung
Pro Portion ca. 335 kcal, 9 g EW, 18 g F, 37 g KH

1 Kichererbsen auf ein Sieb schütten, gründlich abspülen. Häutchen, die sich dabei lösen, entfernen. Bio-Orange heiß waschen, abtrocknen, die Schale fein abreiben. Beide Orangen auspressen.

2 Kichererbsen mit Tahini und 150 ml Orangensaft sehr fein pürieren. Mit 2 TL Orangenschale, Salz und Gewürzen abschmecken. Öl darüber träufeln, mit Orangenschale und Schwarzkümmel bestreuen. Mit Fladenbrot oder Möhrensticks servieren.

orientalisch | raffiniert

Möhren-Dattel-Paste

750 g Möhren | 1 EL Olivenöl | ¼ l Gemüsebrühe | 50 g getrocknete Datteln | ½ Bund glatte Petersilie | 25 g Pistazienkerne | Salz | 1 TL Harissa | 2 Msp. Zimtpulver | schwarzer Pfeffer, frisch gemahlen | Muskatnuss, frisch gerieben

Für 4 Personen | 40 Min. Zubereitung
Pro Portion ca. 155 kcal, 3 g EW, 7 g F, 18 g KH

1 Möhren schälen, in 3 cm lange Stücke schneiden. Im Öl 2–3 Min. andünsten, mit Brühe ablöschen. Datteln entkernen, klein würfeln, dazugeben. Zugedeckt 25 Min. köcheln lassen.

2 Petersilie abbrausen und trockenschütteln, Blättchen hacken. Pistazien grob hacken. Möhren mit dem Kartoffelstampfer zerdrücken. Mit Salz und Gewürzen pikant-scharf abschmecken. Zwei Drittel der Petersilie und Pistazien untermischen, den Rest überstreuen. Schmeckt heiß zu Lammkoteletts oder kalt als Dip.

für Gäste | raffiniert

Asia-Carpaccio mit Rinderfilet

300 g Rinderfilet
4 schlanke Frühlingszwiebeln
20 g Ingwer | 2 EL helle Sojasauce
2 EL Limettensaft
1 EL Ahornsirup
2 EL Apfelsaft | 1 EL Sesamöl
Salz | schwarzer Pfeffer, frisch gemahlen
2 EL Sesamsamen
1 Bund Koriandergrün

Für 4 Personen
90 Min. Kühlen | 30 Min. Zubereitung
Pro Portion ca. 185 kcal, 18 g EW, 9 g F, 8 g KH

1 Rinderfilet für etwa 1 Std. in das Tiefkühlgerät legen. Frühlingszwiebeln putzen, das Weiße fein hacken, das Grün in sehr feine Ringe schneiden. Ingwer schälen und fein reiben. Sojasauce, Limettensaft, Ahornsirup, Apfelsaft und Sesamöl mit Ingwer und Zwiebelweiß mischen.

2 Das Filet mit einem scharfen Messer in hauchdünne Scheiben schneiden, eventuell mit dem Messerrücken noch dünner drücken. Auf einer Platte anrichten, leicht salzen und pfeffern, mit der Sauce beträufeln. Zugedeckt mindestens 30 Min. in den Kühlschrank stellen.

3 Den Sesam in einer Pfanne ohne Fett goldgelb rösten. Koriander abbrausen und trockenschütteln, die Blättchen abzupfen.

4 Das Fleisch mit Sesam, Zwiebelgrün und Koriander bestreuen und sofort servieren.

mediterran

Gegrillter Ziegenkäse auf Tomaten

4 große aromatische Tomaten
2 Stiele Rosmarin | 1 Knoblauchzehe
200 g Ziegenfrischkäse
100 g Frischkäse (16 % Fett)
1½ TL Akazienhonig | ¼ TL Cayennepfeffer
Salz | schwarzer Pfeffer, frisch gemahlen
40 g Pinienkerne | ½ Bund glatte Petersilie

Für 4 Personen | 40 Min. Zubereitung
Pro Portion ca. 250 kcal, 16 g EW, 18 g F, 7 g KH

1 Ofen auf 220° (200° Umluft) vorheizen. Tomaten waschen, quer halbieren und aushöhlen. Mit der Schnittfläche nach unten abtropfen lassen. Rosmarin abbrausen und trockenschütteln. 4 Zweige abschneiden, vom Rest die Nadeln abzupfen und sehr fein hacken (etwa 2 TL). Knoblauch schälen.

2 Ziegenkäse mit der Gabel zerdrücken, Knoblauch dazupressen, mit Frischkäse, Honig und gehacktem Rosmarin mischen, mit Cayenne, Salz und Pfeffer pikant abschmecken. Tomaten innen salzen und pfeffern, mit der Käsemischung füllen. In einer ofenfesten Form im Ofen (Mitte) 6–8 Min. backen.

3 Den Grill dazuschalten, Tomaten weitere 5–6 Min. grillen, bis sie weich sind und der Käse geschmolzen und leicht gebräunt ist.

4 Inzwischen die Pinienkerne in einer trockenen Pfanne goldgelb rösten. Petersilie abbrausen, trockenschütteln und hacken. Die Tomaten damit bestreuen, mit Rosmarinzweigen dekorieren und heiß servieren. Dazu passt Ciabatta.

links: Asia-Carpaccio mit Rinderfilet | rechts: Gegrillter Ziegenkäse auf Tomaten

raffiniert | mediterran

Fetadip mit Pistazien und Kräutern

In diesem Dip verbinden sich die typischen mediterranen Aromen von Rosmarin und Thymian mit der duftigen, herb-süßen Frische der Orange.

1 Bio-Orange | 2 Stiele Rosmarin | 4 Stiele Thymian | ½ Bund glatte Petersilie | 25 g Pistazienkerne | 200 g Fetakäse aus Schafmilch | 100 g Frischkäse (16 % Fett) | 2 TL Aceto balsamico | schwarzer Pfeffer, frisch gemahlen | Salz nach Belieben

Für 4 Personen | 20 Min. Zubereitung
Pro Portion ca. 190 kcal, 19 g EW, 12 g F, 5 g KH

1 Die Orange heiß waschen und trockenreiben. Die Schale mit dem Zestenreißer abziehen und fein hacken, den Saft auspressen. Die Kräuter abbrausen und trockenschütteln. Die Nadeln bzw. Blättchen abzupfen und fein hacken. Pistazien hacken.

2 Den Feta mit der Gabel zerdrücken, mit dem Frischkäse vermischen. So viel Orangensaft dazugeben, dass eine cremige Konsistenz entsteht. Mit Balsamico und Pfeffer abschmecken. Salz ist wegen des salzigen Fetas vermutlich nicht nötig.

3 Die Käsecreme mit den Zesten, Kräutern und Pistazien vermischen.

UND DAZU?

Mit Fladenbrotstreifen oder rohen Gemüsesticks (Möhren, Zucchini, Stangensellerie) servieren.
Der Dip schmeckt auch toll zu knusprig gebratenen Ofenkartoffeln oder Country-Potatoes.

feine Vorspeise | vegetarisch

Würzige Gemüseröllchen

2 kleine Auberginen | Olivenöl zum Braten | Salz | Pfeffer, frisch gemahlen | ½ Bund Petersilie | Fetadip von Seite 16

Für 4 Personen | 15 Min. Zubereitung
Pro Portion ca. 320 kcal, 20 g EW, 25 g F, 8 g KH

1 Die Auberginen waschen, putzen und längs in 5 mm dünne Scheiben schneiden. Olivenöl in einer breiten Pfanne erhitzen, die Auberginen darin von jeder Seite 1–2 Min. braten, auf Küchenpapier entfetten. Leicht salzen und pfeffern.

2 Die Petersilie abbrausen, trockentupfen und die Blättchen abzupfen. Auberginen mit dem Fetadip bestreichen, mit Petersilie bestreuen und aufrollen.

VARIANTE – MIT ZUCCHINI

Verwenden Sie statt der Auberginen 3 mittelgroße Zucchini – schmeckt auch sehr fein.

für unterwegs | schnell

Feta-Wraps

4 dünne arabische Fladenbrote | Fetadip von Seite 16 | 100 g Rucola

Für 4 Personen | 15 Min. Zubereitung
Pro Portion ca. 330 kcal, 29 g EW, 17 g F, 41 g KH

1 Die Brote mit dem Fetadip bestreichen. Den Rucola putzen, abbrausen und trockentupfen. Gleichmäßig auf den Broten verteilen.

2 Die Brote fest aufrollen und in Alufolie verpacken. Nicht länger als 2 Std. aufbewahren.

INFO – FLADENBROT

Bei türkischen Gemüsehändlern oder in Orient-Supermärkten gibt es dünne Fladenbrote in Frischfolie verpackt, entweder unter dem Namen »Naanbrot« oder als »Dürüm«-Fladenbrot. Ansonsten eignen sich auch dünne Tortilla-Fladen.

edel | aus Spanien

Safransuppe mit Mandeln

250 g mehlig kochende Kartoffeln
60 g Schalotten
1 Knoblauchzehe
20 g Butter
800 ml Hühnerfond
1/4 TL Safranfäden
70 g weißes Mandelmus (Reformhaus)
Salz | schwarzer Pfeffer, frisch gemahlen
Cayennepfeffer

Für 4 Personen | 40 Min. Zubereitung
Pro Portion ca. 205 kcal, 7 g EW, 15 g F, 10 g KH

1 Die Kartoffeln schälen, abspülen und in Würfel schneiden. Schalotten und Knoblauch schälen und fein hacken. Die Butter in einem großen Topf erhitzen, beides darin glasig andünsten, mit dem Fond ablöschen und aufkochen lassen. Die Kartoffeln darin in 20 Min. weich garen.

2 Inzwischen den Safran im Mörser zerreiben, mit 2 EL warmem Wasser mischen.

3 Kartoffeln in der Brühe pürieren, Safran und Mandelmus einrühren, erhitzen. Mit Salz, Pfeffer und Cayenne abschmecken. Fein gehackte Petersilie oder Croûtons aufstreuen.

FEIN DAZU – KNOBLAUCH-CROÛTONS

2 Scheiben Toastbrot entrinden, mit der Schnittfläche von 1 halbierten Knoblauchzehe einreiben, in 30 g Butter goldbraun braten. Würfeln und heiß auf die Suppe geben.

vegetarisch | freestyle

Aprikosen-Tomaten-Suppe

100 g Zwiebel
2 EL Olivenöl
100 g getrocknete Aprikosen (Softfrüchte)
200 ml Orangensaft
1 Lorbeerblatt
2 TL Gemüsebrühe instant
1 Dose geschälte Tomaten (800 g)
1/2 Bund glatte Petersilie
100 g Joghurt | 3 TL Honig
Salz | 2–3 Msp. Zimtpulver
schwarzer Pfeffer, frisch gemahlen
1–2 Msp. Cayennepfeffer

Für 4 Personen | 45 Min. Zubereitung
Pro Portion ca. 230 kcal, 5 g EW, 8 g F, 30 g KH

1 Zwiebeln schälen und würfeln. Öl in einem großen Topf erhitzen, Zwiebeln darin in 5–6 Min. glasig dünsten. Inzwischen die Aprikosen fein hacken, 2–3 Min. mitdünsten. Mit dem Orangensaft ablöschen. Lorbeerblatt zugeben, aufkochen und offen 5 Min. köcheln lassen. Instantbrühe und Tomaten zugeben, Tomaten etwas zerkleinern. 10 Min. zugedeckt köcheln lassen, ab und zu rühren.

2 Inzwischen die Petersilie abbrausen, trockenschütteln und hacken. Den Joghurt mit 1 TL Honig und je 1 Prise Salz und Zimt verrühren.

3 Das Lorbeerblatt entfernen, die Suppe fein pürieren. Mit Salz, Pfeffer, Cayenne, Zimt und dem restlichen Honig pikant abschmecken. Die Suppe in vorgewärmte Schüsseln geben. In jede Portion 1 Klecks Zimt-Joghurt rühren. Mit Petersilie bestreuen.

oben: Safransuppe mit Mandeln | unten: Aprikosen-Tomaten-Suppe

Asiatischer Klassiker

Limettenfrische Hähnchen-Kokos-Suppe

Ein idealer Geschmacks-Mix: süßliche Kokosmilch, Chilischärfe, würzige Fischsauce und säuerliche Frische aus Limettensaft und Zitronengras.

300 g Hähnchenbrustfilet
1–2 Limetten
3 EL Fischsauce
20 g Galgant
3 Stängel Zitronengras
4 Kaffirlimettenblätter
1 Bund Koriandergrün mit Wurzeln
600 ml Hühnerfond
2 rote Chilischoten
200 g feste Champignons
1 Dose Kokosmilch, ungesüßt (400 ml)
Salz | ½–1 TL Zucker

Für 4 Personen | 50 Min. Zubereitung
Pro Portion ca. 300 kcal, 22 g EW, 17 g F, 10 g KH

1 Das Fleisch kalt abspülen, trockentupfen und in kleine Würfel schneiden. Die Limetten auspressen. 2 EL Limettensaft mit 2 EL Fischsauce verrühren. Das Fleisch mit der Sauce mischen, in den Kühlschrank stellen.

2 Den Galgant putzen und in Scheiben schneiden. Das Zitronengras von den harten Teilen befreien, die unteren kolbenförmigen Stücke mit einem Fleischhammer flach und faserig klopfen. Die Limettenblätter mit der Schere seitlich mehrmals einschneiden. Vom Koriandergrün die Wurzeln abschneiden, putzen und sehr fein hacken. Den Fond in einen großen Topf geben, Korianderwurzeln, Galgant, Zitronengras und Limettenblätter dazugebeben. Alles aufkochen und 10 Min. offen köcheln lassen.

3 Inzwischen die Chilischoten längs halbieren, Kerne und Trennwände entfernen, Schoten abspülen und in schmale Streifen schneiden. Die Champignons putzen, trocken abreiben und in Scheiben schneiden. Das Koriandergrün abbrausen, trockentupfen, die Blättchen hacken, einige ganz lassen.

4 Kokosmilch zum Fond geben, aufkochen lassen, das Fleisch mit Marinade dazugeben und bei schwacher Hitze 5 Min. ziehen lassen. Die Champignons und Chilis zugeben und weitere 4 Min. ziehen lassen, den gehackten Koriander dazugeben. Nach 2 Min. Zitronengras und Limettenblätter herausnehmen. Die Suppe mit Fischsauce, Limettensaft, Salz und Zucker abschmecken, mit Korianderblättchen bestreuen.

VARIANTE – SÄTTIGEND

Gegarter Reis oder asiatische Nudeln machen die Suppe gehaltvoller.

VARIANTE – MIT FISCH

Sehr gut schmeckt die Suppe auch mit Würfeln von Kabeljau- oder Rotbarschfilet. In der fertigen Suppe gar ziehen lassen.

WENIGER LEUTE AM TISCH?

Kokosmilch gibt es auch in kleinen Tetra-Packs mit 250 ml. Vor allem die Asienläden führen sie. 1 Pack ist optimal, wenn Sie für 2 kochen.

Würzige Hauptgerichte

Asiatisch genießen oder orientalisch schwelgen? Oder vom Mittelmeer träumen? Das können Sie mit den Rezepten, die ich hier für Sie zusammengestellt habe. Wenn Sie sich nicht entscheiden können, kochen Sie eben »Freestyle«. Das kann zu so überraschend köstlichen Geschmackserlebnissen führen wie bei diesem Rindfleisch mit Kirschen und Gewürzen.

Geschmortes Rind mit Kirschen

700 g Rindfleisch zum Schmoren
je ½ TL gemahlener Pfeffer, Piment, Zimt und edelsüßes Paprika
250 g Zwiebeln
1–2 rote Chilischoten
2 Knoblauchzehen
1 Glas Schattenmorellen (560 ml)
150 ml kräftige Fleischbrühe
3 EL Olivenöl
Salz | Pfeffer
40 g Walnusskerne

Für 4 Personen
50 Min. Zubereitung | 1 Std. 30 Min. Garen
Pro Portion ca. 515 kcal, 40 g EW, 23 g F, 33 g KH

1 Das Fleisch würfeln. Die Gewürze mischen, das Fleisch damit einreiben. Zwiebeln schälen und mittelgrob würfeln. Chilis längs aufschlitzen, putzen und fein würfeln. Knoblauch schälen. Kirschen abtropfen lassen, den Saft aufheben.

2 2 EL Öl erhitzen, das Fleisch darin portionsweise je 3–4 Min. kräftig anbraten, herausnehmen. Zwiebeln im restlichen Öl 5–6 Min. schmoren. Chilis mitschmoren, Knoblauch dazupressen, 1 Min. unter Rühren mitschmoren. Mit Kirschsaft und Brühe ablöschen. Fleisch dazugeben, bei schwacher Hitze ca. 1 Std. 30 Min. schmoren. Die Kirschen noch 10–15 Min. mitschmoren. Mit Salz und Pfeffer abschmecken. Walnusskerne grob hacken und darüber streuen. Spätzle, Nudeln oder Reis dazureichen.

WENIGER LEUTE AM TISCH?
Für 2–3 Personen 300 g Rinderlende mit etwas weniger Gewürzen marinieren, dann portionsweise rundum anbraten. ½ Glas Kirschen und 100 ml Fleischbrühe dazugeben, alles 10–15 Min. schmoren und abschmecken.

1

2

3

gut vorzubereiten | sommerlich

Zitronenhuhn mit Thymian

Hier wird die Küche zur Trattoria! Frisches Fladenbrot und ein leichter Rotwein passen perfekt zum Huhn.

1 Bund frischer Thymian
2 Bio-Zitronen
1 EL getrockneter grüner Pfeffer
1–2 rote Chilischoten
1 TL Meersalz
1 EL Honig
3 EL Olivenöl
1 Mais-Poularde (ca. 1½ kg)

Für 4 Personen | 35 Min. Zubereitung
2–3 Std. Marinieren | 1 Std. 30 Min. Garen
Pro Portion ca. 530 kcal, 50 g EW, 33 g F, 7 g KH

1 Thymian abbrausen und trockenschütteln. Einige Stiele beiseite legen, von den anderen die Blättchen abstreifen und hacken. Die Zitronen heiß waschen und trockenreiben. Von 1 Zitrone die Schale mit dem Sparschäler dünn abziehen und fein hacken. 3 EL Saft auspressen. Den Pfeffer im Mörser zerdrücken. Die Chilischoten längs halbieren, Stielansätze, Trennwände und Kerne entfernen, das Fruchtfleisch fein hacken. Thymian, Zitronenschale, Pfeffer, Chilis und 1 TL Salz mit Zitronensaft, Honig und 1 EL Olivenöl vermischen.

2 Von der Poularde das Rückgrat mit der Geflügelschere herausschneiden (Bild 1). Sichtbares Fett entfernen. Die Poularde kalt abspülen und trockentupfen. Auseinander drücken und mit der Haut nach oben in eine flache ofenfeste Form legen. Die Haut vorsichtig lockern, einen Teil der Würzmischung darunter verteilen (Bild 2), den Rest auf der Haut. Die Poularde mit Frischhaltefolie abdecken und im Kühlschrank 2–3 Std. marinieren.

3 Den Backofen auf 180° vorheizen. Das restliche Olivenöl über die Poularde träufeln, etwas salzen. Die zweite Zitrone in Scheiben schneiden, zu der Poularde geben. Im Ofen (unten, Umluft 160°) 1 Std. 30 Min. garen, dabei öfter mit dem austretenden Bratensaft begießen. Die Poularde zerteilen und mit Thymian garnieren.

UND DAZU: KIRSCHTOMATEN-SALAT

3 EL Olivenöl, 1 EL Granatapfelsirup und 1 TL Honig mit Salz, schwarzem Pfeffer und 1 Msp. Zimt verrühren. 750 g Kirschtomaten waschen und halbieren. 30 Min. in dem Dressing marinieren. 1 Bund glatte Petersilie abbrausen, die Blättchen grob hacken. 2 EL Pinienkerne in einer trockenen Pfanne rösten. Petersilie unter die Tomaten mischen, mit den Pinienkernen bestreuen. Den Salat sofort servieren.

WENIGER LEUTE AM TISCH?

Dann nehmen Sie Keulen entsprechend der Personenzahl oder eine Hähnchenbrust mit Knochen und Haut. Brust oder Keulen in der Pfanne anbraten und im Ofen fertig garen. Die Keulen brauchen etwa 30 Min., die Brust 10–15 Min.

für Gäste | raffiniert

Lammfilets mit Rosmarin und Selleriepüree

4 kurze Stiele Rosmarin
1 TL schwarze Pfefferkörner
2–3 TL rosa Pfefferbeeren
600 g Lammfilets
3 TL Olivenöl
1 Sellerieknolle (etwa 800 g)
1 mehlig kochende Kartoffel (etwa 200 g) besser 400g
Salz
1 Bio-Orange
2 EL Pinienkerne
50 ml Milch | 50 g Sahne
20 g Butter
1–2 Msp. Zimtpulver
Muskatnuss, frisch gerieben
schwarzer Pfeffer, frisch gemahlen

Für 4 Personen | 1 Std. 10 Min. Zubereitung
Pro Portion ca. 375 kcal, 35 g EW, 20 g F, 13 g KH

1 Den Rosmarin abbrausen und trockenschütteln. Die Spitzen abschneiden und beiseite legen. Die restlichen Nadeln abzupfen und fein hacken. Pfeffer und Pfefferbeeren im Mörser zerstoßen. Mit dem gehackten Rosmarin mischen. Die Lammfilets von Häuten, Sehnen und Fett befreien und trockentupfen. Mit 1 TL Olivenöl bestreichen, von beiden Seiten mit der Rosmarin-Mischung bestreuen, in eine Schale legen und im Kühlschrank marinieren.

2 Den Sellerie schälen und würfeln, sofort in kaltes Wasser legen, damit er sich nicht verfärbt. Die Kartoffel schälen und würfeln. Beides in gesalzenem Wasser in 20–25 Min. weich kochen. Inzwischen die Orange heiß waschen, abtrocknen und etwa 1 TL Schale fein abreiben. Den Backofen auf 180° (160° Umluft) vorheizen. Sellerie und Kartoffeln abgießen und warm halten.

3 Das restliche Öl in einer Pfanne erhitzen. Die Lammfilets darin von jeder Seite etwa 1½ Min. anbraten. In eine feuerfeste Form legen, im Ofen in 6–8 Min. fertig garen. Herausnehmen, locker in Alufolie einschlagen und kurz ruhen lassen. Die Pinienkerne ohne Fett goldgelb rösten.

4 Während die Filets im Ofen garen, Kartoffel und Sellerie mit dem Pürierstab unter Zugabe von Milch und Sahne fein pürieren. Butter unterschlagen. Mit Zimt, Muskat, Pfeffer, Salz und Orangenschale würzen.

5 Das Fleisch schräg aufschneiden, mit dem Püree anrichten. Fleisch mit Pfefferbeeren und Rosmarinspitzen dekorieren, Pinienkerne über das Püree streuen.

TIPP

Das Selleriepüree passt auch sehr gut zu Wild- oder Rindersteaks.

UND DAZU?

Wenn Ihnen das Püree nicht reicht, essen Sie noch kleine, kross gebratene Kartoffeln dazu. Als Gemüse passen grüne Bohnen sehr gut.

VARIANTE – PÜREE ANDERS WÜRZEN

Selleriepüree mit Zitronenschale, grünem Pfeffer und gehackter Petersilie mischen, als feine Beilage zu Lachs reichen.

für Gäste | besonderes Geschmackserlebnis

Muskathähnchen mit Rosinen und Haselnüssen

Nüsse, Rosinen, Zimt und Muskatnuss würzen hier keine Adventsplätzchen, sondern ein pikantes Hähnchengericht.

80 g getrocknete Tomaten (ohne Öl)
80 g Haselnusskerne
1 Bund glatte Petersilie
2 Knoblauchzehen
2–3 EL Olivenöl
30 g Rosinen
Salz
schwarzer Pfeffer, frisch gemahlen
1 TL Harissa
1 TL Muskatnuss, frisch gerieben
1 Msp. Zimtpulver
4 Hähnchenkeulen (Unter- und Oberkeule)
¼ l Hühnerbrühe

Für 4 Personen
40 Min. Zubereitung | 30 Min. Garen
Pro Portion ca. 530 kcal, 34 g EW, 36 g F, 21 g KH

1 Die getrockneten Tomaten in heißem Wasser etwa 20 Min. einweichen. Inzwischen die Haselnüsse in einer trockenen Pfanne unter ständigem Wenden etwa 5 Min. rösten, bis die Häute anfangen zu platzen. In ein Küchentuch wickeln, kräftig durchkneten und so die Häute entfernen. Nüsse im Blitzhacker zerkleinern.

2 Die Petersilie abbrausen, trockenschütteln und hacken. Die Tomaten abtropfen lassen, grob zerkleinern und mit der Hälfte der Petersilie zu den Nüssen in den Blitzhacker geben. Den Knoblauch schälen und dazupressen. Alles mit 1 EL Öl und 2–3 EL Wasser zu einer nicht zu feinen Paste pürieren. Rosinen dazugeben. Mit Salz, Pfeffer, Harissa, Muskat und Zimt scharf-pikant abschmecken.

3 Den Backofen auf 200° vorheizen. Von den Hähnchenkeulen das sichtbare Fett wegschneiden, die Keulen abspülen und trockentupfen. Die Haut vorsichtig anheben, je 2 TL Paste darunter verteilen, noch etwas Paste zurückbehalten. Keulen salzen und pfeffern. In einer ofenfesten Pfanne das restliche Öl erhitzen, die Keulen darin rundum 5 Min. goldgelb anbraten. Im Ofen (Mitte, 180° Umluft) in etwa 30 Min. fertig garen.

4 Die Hühnerbrühe erhitzen. Aus der Pfanne das überschüssige Fett weggießen, den Bratsatz mit der Brühe ablöschen, die restliche Paste hineinrühren, bei schwacher Hitze sämig einkochen lassen.

5 Die Hähnchenkeulen mit der Sauce anrichten, mit der restlichen Petersilie bestreuen. Mit Fladenbrot servieren.

SPEED-TIPPS

Wenn es schnell gehen soll, die Sauce am Vortag vorbereiten.
Anstelle der Hähnchenkeulen kleine Hähnchenbrustfilets in Olivenöl goldgelb braten. Aus der Pfanne nehmen und warm halten. Den Bratensatz mit der Brühe ablöschen, die vorbereitete Sauce hineinrühren und erwärmen. Mit den Hähnchenfilets anrichten.

orientalisch | süß & pikant

Pilaf mit Lammhack und Datteln

Ganz typisch für die orientalische Küche ist die Verbindung von Zwiebeln und würzigem Lammhack mit der intensiven Süße getrockneter Datteln.

150 g Zwiebeln
100 g getrocknete Datteln (ersatzweise Rosinen)
30 g gesalzene Pistazienkerne (ersatzweise geröstete Mandelstifte)
1 Bund glatte Petersilie
200 g Basmatireis
600 ml Hühnerbrühe
3 EL Olivenöl
2 TL Baharat
400 g Lammhack (oder Rinderhackfleisch)
Salz
schwarzer Pfeffer, frisch gemahlen
Cayennepfeffer

Für 4 Personen | 45 Min. Zubereitung
Pro Portion ca. 510 kcal, 27 g EW, 17 g F, 61 g KH

1 Die Zwiebeln schälen und würfeln. Die Datteln entkernen und klein hacken. Die Pistazienkerne grob hacken. Die Petersilie abbrausen, trockenschütteln, die Blättchen hacken.

2 Den Reis auf ein Sieb geben und kalt abspülen. Die Brühe zum Kochen bringen. 1 EL Olivenöl erhitzen, den Reis darin unter Rühren glasig dünsten. 1 TL Baharat unterrühren. Mit ½ l heißer Brühe ablöschen. Den Reis aufkochen lassen und zugedeckt bei mittlerer Hitze in 13–15 Min. garen.

3 Inzwischen in einer Pfanne das restliche Öl erhitzen, die Zwiebeln in 5–6 Min. glasig dünsten. Zwiebeln an den Pfannenrand schieben. Das Hackfleisch in der Pfanne bei stärkerer Hitze unter Rühren scharf anbraten, bis es krümelig und braun ist. Datteln und restliche Brühe dazugeben. Alles mit Salz, Pfeffer, Baharat und Cayenne abschmecken.

4 Reis und Fleisch mischen. Die Hälfte der Petersilie und der Pistazien untermischen, den Rest darüber streuen.

UND DAZU: FRUCHTIGER MÖHRENSALAT

1 Bio-Orange heiß abwaschen, 1 TL Schale abreiben, den Saft auspressen. Saft und Schale mit 2 EL Walnussöl, 1 TL Honig, Salz und schwarzem Pfeffer mischen. 300 g Möhren schälen und auf einer Juliennereibe ganz fein raspeln. Mit der Sauce mischen. 6 Minzeblättchen abbrausen, trockentupfen, hacken und darüber streuen.

WENIGER LEUTE AM TISCH?

Weniger Lammhack wird Ihnen der Metzger kaum durchdrehen. Sie können aber auch Lammfilet selber mit einem schweren Messer hacken – dann bleibt es etwas gröber, das passt aber gut in den Pilaf.

TIPP – BAHARAT SELBER MISCHEN

Wer kein Baharat findet, kann es sich leicht selber herstellen: 2 TL Cuminsamen, 1 TL schwarze Pfefferkörner und 1 TL Kardamomsamen mischen und fein mahlen. Mit 3 TL Paprikapulver, 1 TL Zimtpulver, 1 TL frisch geriebener Muskatnuss und ¼ TL Cayennepfeffer mischen.

für Gäste | würzig

Schweinefilet mit Wacholder-Apfel-Sauce

Wacholder gibt dem Filet eine süßlich-würzige Note. Ein richtiges Festessen, das besonders gut in die kältere Jahreszeit passt.

600 g Schweinefilet
(möglichst dickere Mittelstücke)
1 TL Wacholderbeeren
Pfeffer, frisch gemahlen
Salz
1–2 EL Butterschmalz
½ l Apfelsaft
125 ml kräftige Fleischbrühe
1 Lorbeerblatt | 100 g Sahne
2–3 TL Dijonsenf
2 TL Ahornsirup

Für 4 Personen
35 Min. Zubereitung | 25 Min. Garen
Pro Portion ca. 370 kcal, 33 g EW, 16 g F, 19 g KH

1 Das Schweinefilet abspülen, trockentupfen und die feinen Häutchen entfernen.

2 Den Backofen auf 180° (160° Umluft) vorheizen. Die Wacholderbeeren gut zerdrücken und sehr fein hacken. Den Pfeffer grob mahlen (etwa ½ TL), mit ¼ TL Salz und der Hälfte des Wacholders mischen, das Fleisch damit einreiben. Das Butterschmalz in einer Pfanne erhitzen, das Filet darin von allen Seiten kräftig anbraten. In eine ofenfeste Form legen und mit Alufolie abdecken. Im Ofen (Mitte) 20 Min. garen.

3 Das Filet herausnehmen, in Alufolie wickeln und ruhen lassen. Bratensatz in der Pfanne mit dem Apfelsaft loskochen. Brühe und Lorbeerblatt dazugeben, offen bei starker Hitze einkochen lassen. Die Sahne dazugeben und nochmal einkochen lassen. Die Sauce mit Senf, Ahornsirup, Salz und Pfeffer abschmecken. Das Lorbeerblatt entfernen.

4 Das Filet auspacken, den Fleischsaft, der sich gebildet hat, zur Sauce geben.

5 Das Filet aufschneiden und die Sauce dazu servieren. Mit den restlichen Wacholderbeeren bestreuen.

BESONDERS FEIN DAZU: PIKANTES SCHALOTTEN-APFEL-KOMPOTT

200 g kleine Schalotten schälen, in 30 g Butter goldgelb anbraten. 1–2 säuerliche Äpfel (etwa 350 g), z. B. Boscop, schälen und würfeln. Zu den Schalotten geben, unter Rühren weich dünsten. 1 TL fein gehackten Thymian dazugeben, salzen und pfeffern. Mit 20 ml Calvados oder Sherry medium ablöschen. Mit Thymianzweigen dekorieren.

WÜRZVARIANTE – SCHWEINEFILET MIT STERNANIS UND ORANGE

Das Schweinefilet vor dem Braten mit je ½ TL gemahlenem Sternanis und Zimt einreiben. Zum Lösen des Bratsatzes Orangensaft nehmen. Die Sauce zusätzlich mit etwas Limettensaft abschmecken. Statt mit Sahne zu verfeinern, wird die Sauce mit kleinen Stückchen eiskalter Butter (25 g) nach und nach aufgeschlagen (= montieren).

Der Bratensatz war so schwarz, daß ich die Soßenzutaten dem Schalotten-Apfel-Kompott zugegeben habe und den Apfelsaft durch Gemüsebrühe ersetzt habe.

gelingt leicht | macht was her

Forelle mit Apfel-Minz-Füllung auf Zucchini

Dieses Rezept ist schon optisch ein Vergnügen und verspricht einen besonders leichten, frisch-aromatischen Genuss!

2 Bio-Zitronen
4 Schalotten
1 Knoblauchzehe
50 g Pinienkerne
2 Bund Minze
1–2 TL getrockneter grüner Pfeffer
Meersalz
3 EL Olivenöl
2 kleine säuerliche Äpfel
4 küchenfertige Forellen à etwa 300 g
3 kleine Zucchini (etwa 350 g)

Für 4 Personen | 45 Min. Zubereitung
Pro Portion ca. 430 kcal, 43 g EW, 23 g F, 16 g KH

1 Die Zitronen heiß waschen und trockenreiben. Die Schalen mit dem Sparschäler dünn abziehen und sehr fein hacken (Bild 1). 3 EL Saft auspressen. Die andere Zitrone in dünne Scheiben schneiden. Schalotten und Knoblauch schälen und hacken. Die Pinienkerne ohne Fett gold-gelb rösten. Die Minze abbrausen und trockenschütteln. Einige Blättchen beiseite legen, den Rest hacken. Den Pfeffer im Mörser zerstoßen.

2 Den Backofen auf 180° (160° Umluft) vorheizen. Zitronenschale, -saft, Schalotten, die Hälfte der Pinienkerne, gehackte Minze, Pfeffer, etwas Salz und 1 EL Olivenöl im Blitzhacker zu einem groben Pesto verarbeiten. Die Äpfel schälen, vierteln, entkernen und klein würfeln. Mit den restlichen Pinienkernen und dem Pesto vermischen.

3 Vier zum Umhüllen der Forellen ausreichend große Stücke Alufolie mit Olivenöl einpinseln. Die Zucchini waschen, abtrocknen und in sehr dünne Scheiben hobeln. In Breite der Fische auf die Folien legen, leicht salzen und pfeffern. Die Forellen kalt abspülen und mit Küchenpapier trockentupfen. Von innen salzen, mit dem Pesto füllen. Die Fische auf die Zucchini legen, mit den Zitronenscheiben bedecken (Bild 2).

4 Die Alupäckchen locker schließen, die Enden etwas nach oben biegen. Im Ofen etwa 20 Min. garen. Mit frischer Minze anrichten. Dazu passen kleine Pellkartoffeln.

TIPP – ZITRONENAROMA FÜR DEN VORRAT

Gute Bio-Zitronen heiß waschen und trockenreiben. Die Schale wie in Bild 1 mit dem Sparschäler dünn abziehen, in Streifen schneiden und fein würfeln. Diese Würfelchen lassen sich sehr gut portionsweise einfrieren.

Ebenso gut kann man die Schalen trocknen: auf ein mit Backpapier ausgelegtes Blech verteilen und bei 50–60° 1–2 Std. im Ofen trocknen. Anschließend fein mahlen. Oder ungemahlen mit Pfefferkörnern in die Pfeffermühle füllen.

Den Saft der Zitronen auspressen und im Eiswürfelbereiter einfrieren.

1

2

3

orientalisch | würzig

Fischfilet in Tomatensauce

2 Zwiebeln (etwa 120 g)
2 Knoblauchzehen
1 Bio-Orange | 2 EL Olivenöl
1 große Dose geschälte Tomaten (800 g)
Salz | 1 Lorbeerblatt
1 TL Cumin, frisch gemahlen | ½ TL Zimtpulver
1–2 TL Harissa | 2 TL Honig
schwarzer Pfeffer, frisch gemahlen
½ Bund glatte Petersilie
700 g Rotbarschfilet

Für 4 Personen | 1 Std. Zubereitung
Pro Portion ca. 315 kcal, 35 g EW, 13 g F, 14 g KH

1 Zwiebeln und Knoblauch schälen und hacken. Die Orange heiß waschen und abtrocknen. Die Schale fein abreiben, den Saft auspressen.

2 Öl in einem breiten Topf erhitzen, die Zwiebeln darin 6–8 Min. dünsten. Knoblauch 2 Min. mitdünsten, mit Orangensaft und Tomaten ablöschen. Tomaten etwas zerkleinern, salzen. Lorbeer, Cumin und Zimt dazugeben, offen in etwa 30 Min. auf die Hälfte einköcheln lassen, dabei öfter umrühren. Mit Harissa, Honig, Pfeffer und Orangenschale würzen.

3 Die Petersilie abbrausen, trockenschütteln, die Blättchen hacken. Die Fischfilets kalt abspülen und abtrocknen, salzen und pfeffern, auf die Tomatensauce legen und 8 Min. garen, einmal vorsichtig wenden. Mit der Petersilie bestreuen und mit Fladenbrot servieren.

asiatisch | für Gäste

Ingwerfisch mit Erdnusssauce

½ Bio-Zitrone | 1 Knoblauchzehe | 2 Schalotten | 400 ml Hühnerfond | 200 ml Orangensaft | 1 Lorbeerblatt | 1 TL schwarze Pfefferkörner | 700 g Rotbarschfilet | Salz | 50 g kandierter Ingwer | ½ Bund glatte Petersilie | 70 g Erdnussmus

Für 4 Personen | 45 Min. Zubereitung
Pro Portion ca. 360 kcal, 37 g EW, 15 g F, 8 g KH

1 Die Zitrone heiß waschen und abtrocknen. Die Hälfte der Schale dünn abschälen, den Saft auspressen. Knoblauch und Schalotten schälen und längs vierteln.

2 Fond mit Orangensaft, Zitronenschale, Knoblauch, Schalotten, Lorbeer und ½ TL Pfefferkörner aufkochen lassen. In etwa 20 Min. sprudelnd auf knapp 300 ml einkochen lassen.

3 ½ TL Pfeffer im Mörser zerstoßen. Fisch in Stücke teilen. Mit Zitronensaft beträufeln, salzen und pfeffern. Ingwer 2 mm klein würfeln. Petersilie abbrausen, die Blättchen hacken.

4 Fond abseihen, kurz aufkochen lassen. Fisch darin bei mittlerer Hitze 5 Min. ziehen lassen, herausnehmen und warm halten. Den Fond aufkochen lassen, Erdnussmus einrühren und in 2–3 Min. sämig einkochen lassen. Die Hälfte des Ingwers untermischen. Mit Salz und Zitronensaft abschmecken. Den Fisch mit der Sauce anrichten, mit restlichem Ingwer, Pfeffer und der Petersilie bestreuen und mit Basmatireis servieren.

oben: Fischfilet in Tomatensauce | unten: Ingwerfisch mit Erdnusssauce

freestyle | für Gourmets

Sesam-Lachs mit Aprikosen-Dip

Fischstäbchen in einer edlen Variante: mit knusprig-nussiger Sesamhülle, serviert mit einem spannenden fruchtig-scharfen Dip

1 Zitrone
600 g Lachsfilet
Salz
schwarzer Pfeffer, frisch gemahlen
1 Bio-Orange
200 g Aprikosenmarmelade
2 EL Madeira nach Belieben
2 TL Sambal Oelek
2 TL Dijonsenf
40 g Sesamsamen
2 EL Öl

Für 4 Personen | 30 Min. Zubereitung
Pro Portion ca. 555 kcal, 32 g EW, 32 g F, 36 g KH

1 Die Zitrone auspressen. Das Lachsfilet quer in 2 cm breite Streifen schneiden (etwa 1 cm dick), dabei eventuell vorhandene Gräten entfernen. Mit etwas Zitronensaft beträufeln, salzen und pfeffern. Zugedeckt in den Kühlschrank stellen.

2 Die Orange heiß waschen und trockenreiben. Die Schale mit dem Zestenreißer abziehen und sehr fein hacken. 1 Orangenhälfte in Scheiben schneiden, die andere auspressen.

3 Die Marmelade mit 2 EL Orangensaft, dem Madeira nach Belieben, Sambal Oelek und Senf verrühren, die Orangenschale dazugeben, alles salzen und pfeffern. Nach Belieben mit ein paar Spritzern Zitronensaft abschmecken.

4 Die Lachsstreifen trockentupfen. Die Sesamsamen in einen tiefen Teller geben, den Fisch darin wälzen. Das Öl erhitzen, den Lachs darin bei mittlerer Hitze von jeder Seite 1 Min. goldgelb anbraten. Die Temperatur herunterschalten, jede Seite noch etwa 1 Min. nachgaren.

5 Den Fisch mit der Sauce anrichten, mit Orangenscheiben dekorieren.

UND DAZU?

Gemischte Blattsalate mit einem Dressing aus Olivenöl, Orangensaft und Aceto balsamico.

TIPP

Der scharfe Aprikosen-Dip passt auch toll zu Reisgerichten, gegrilltem Hähnchen, krossen Chicken-Wings oder zu gebratenen Tofustreifen.

WÜRZVARIANTE

Nehmen Sie für das Dressing statt Sambal Oelek ganz fein gehackten frischen Ingwer oder gehackten, eingelegten grünen Pfeffer.

macht was her | schön frisch

Garnelen in Koriander-Kokos-Sauce

Die frische grüne Currypaste ist schnell gemacht und unvergleichlich frischer als gekaufte Pasten.

400 g Riesengarnelenschwänze (TK oder frisch)
4 Schalotten
25 g Ingwer
2 Knoblauchzehen
2 Bund Koriandergrün mit Wurzeln
1 Limette
6–8 grüne Thai-Chilis
1 EL Öl, z. B. Erdnussöl
1 Dose Kokosmilch, ungezuckert (400 ml)
1 EL Fischsauce
1½ TL Zucker
Salz
schwarzer Pfeffer, frisch gemahlen

Für 4 Personen | 45 Min. Zubereitung
Pro Portion ca. 300 kcal, 21 g EW, 19 g F, 10 g KH

1 Die Garnelenschwänze eventuell behutsam auftauen lassen. Die Därme entfernen, die Garnelen kalt abspülen und trockentupfen. Schalotten, Ingwer und Knoblauch schälen und hacken. Den Koriander abbrausen und trockenschütteln. Die Wurzeln putzen und klein hacken. Einige Blätter abzupfen und beiseite legen, die restlichen Blätter mit Stielen hacken. Die Limette heiß waschen und abtrocknen. Die Schale mit dem Sparschäler abziehen und hacken, den Saft auspressen. Die Chilis längs halbieren, Stielansätze, Trennwände und Kerne entfernen, das Fruchtfleisch grob hacken.

2 Schalotten, Ingwer, Knoblauch, Korianderwurzeln, gehackte Blätter und Limettenschale im Blitzhacker zu einer Paste verarbeiten.

3 Das Öl im Wok erhitzen, die Paste 2–3 Min. darin unter Rühren anbraten, mit der Kokosmilch ablöschen, in etwa 10 Min. bei mittlerer Hitze cremig einkochen lassen. Mit Limettensaft, Fischsauce, Zucker, Salz und Pfeffer abschmecken. Die Garnelen einlegen, bei mittlerer Hitze in 4–5 Min. gar ziehen lassen. Mit Korianderblättchen bestreuen und sofort servieren.

UND DAZU: ZITRONENREIS

1 EL fein gehackte Zitronenschale und ½ fein gehackte Knoblauchzehe in 20 g Butter andünsten. Darin 150 g gewaschenen Basmatireis dünsten, bis er glasig wird, mit 220 ml Gemüsebrühe ablöschen. 1 Msp. Kurkuma dazugeben, aufkochen lassen und bei schwacher Hitze in 12–15 Min. garen. Mit einigen Spritzern Zitronensaft abschmecken.

VARIANTE – MIT HÄHNCHENBRUST

400 g Hähnchenbrustfilet klein würfeln und statt Garnelen in der Sauce gar ziehen lassen.

VARIANTE – VEGETARISCH

Zuckerschoten, Spargel und/oder Keniaböhnchen (insgesamt 800 g) putzen und in mundgerechte Stücke teilen. In Salzwasser blanchieren oder kurz über Dampf bissfest garen. In der Sauce erhitzen.

1

2

3

preiswert | toll fürs Picknick

Tortilla mit Paprika und Chili

In das spanische Original kommen nur Eier und Kartoffeln. In dieser Variante sorgen geröstete Paprika und rote Chili für Farbe, Geschmack und Schärfe.

2 rote Paprikaschoten | 600 g Kartoffeln
200 g rote Zwiebeln | 2 rote Chilischoten
2–3 Knoblauchzehen
4 EL Olivenöl | Salz
schwarzer Pfeffer, frisch gemahlen
1 TL Paprika delikatess (ersatzweise edelsüß)
1 Bund Thymian
1 Bund glatte Petersilie
6 Eier
Backpapier für das Blech

Für 4 Personen | 1 Std. Zubereitung
Pro Portion ca. 360 kcal, 15 g EW, 22 g F, 26 g KH

1 Den Backofen auf 220° (200° Umluft) vorheizen. Die Paprikaschoten vierteln, entkernen und waschen. Ein Backblech mit Backpapier auslegen. Die Schoten mit der Schnittfläche nach unten darauf legen. Die Paprika im Ofen (oben, mit Grillfunktion) etwa 20 Min. grillen, bis sie schwarze Stellen und Blasen bekommen (Bild 1). Herausnehmen und mit einem feuchten Küchentuch bedecken. Nach 10 Min. lässt sich die Paprika ganz leicht häuten. In Streifen schneiden.

2 Inzwischen die Kartoffeln schälen, in möglichst dünne Scheiben hobeln, mit Küchenpapier trockentupfen. Die Zwiebeln schälen, längs halbieren und in dünne Scheiben schneiden. Die Chilis längs halbieren, Trennwände, Kerne und Stielansätze entfernen, Schoten in ganz feine Streifen schneiden. Den Knoblauch schälen und hacken.

3 2 EL Olivenöl in einer breiten Pfanne erhitzen, die Kartoffeln darin portionsweise 10 Min. braten, dabei ab und zu vorsichtig wenden. Auf Küchenpapier entfetten, salzen und pfeffern. Gleichzeitig in einer zweiten Pfanne 1 EL Olivenöl erhitzen, die Zwiebeln darin glasig 6–8 Min. dünsten, dann Knoblauch und Chilis 2 Min. mitdünsten. Paprika untermischen. Alles etwas abkühlen lassen.

4 Thymian und Petersilie abbrausen und trockenschütteln, die Blättchen hacken. Die Eier mit einer Gabel verrühren, salzen und pfeffern. Ei mit Kräutern, Zwiebeln, Kartoffeln und Paprikastreifen mischen. Das restliche Öl in einer der beiden Pfannen erhitzen. Die Kartoffelmasse darin bei mittlerer Hitze etwa 5 Min. stocken lassen. Einen großen Teller auf die Pfanne legen, die Pfanne rasch umdrehen, die Tortilla zurück in die Pfanne gleiten (Bild 2) und noch 5 Min. stocken lassen.

UND DAZU: FRÜHLINGSZWIEBELQUARK

4 Frühlingszwiebeln putzen und fein hacken. 500 g Magerquark mit 150 g saurer Sahne (10 % Fett) glatt rühren. Salzen und pfeffern. 1 Knoblauchzehe dazupressen, die Frühlingszwiebeln unterheben.

TIPP – SANFTER GAREN

Wer die Tortilla nicht ganz so gebräunt mag, kann sie bei schwacher Hitze stocken lassen. Nach 5 Min. die Hitze ganz wegnehmen, dafür einen Deckel auflegen und die Tortilla weitere 5–8 Min. stocken lassen.

vegetarisch | preiswert

Blumenkohl-Curry mit Ingwerjoghurt

1 großer Blumenkohl
400 g fest kochende Kartoffeln
1 Bund Frühlingszwiebeln
30 g Ingwer | 1–2 Knoblauchzehen
2 rote Chilischoten | 2 EL Öl
2–3 TL mildes Currypulver
200 ml Gemüsebrühe | 300 g Joghurt
Salz | schwarzer Pfeffer, frisch gemahlen
2 TL Schwarzkümmel

Für 4 Personen | 45 Min. Zubereitung
Pro Portion ca. 230 kcal, 9 g EW, 10 g F, 24 g KH

1 Blumenkohl in Röschen teilen und abbrausen. Kartoffeln schälen, in 2 cm große Würfel schneiden. Zwiebeln putzen, das Weiße hacken, das Grün in Ringe schneiden. Ingwer schälen, die Hälfte fein hacken. Knoblauch schälen, Chilis längs halbieren, von Kernen befreien, beides fein hacken.

2 Das Öl im Wok stark erhitzen. Zwiebelweiß und Knoblauch darin kurz anbraten, gehackten Ingwer und Chilis unter Rühren mitbraten. Curry darüber stäuben, kurz anrösten. Blumenkohl und Kartoffeln darin 2 Min. rührbraten. Mit der Brühe ablöschen. Zugedeckt 15 Min. köcheln lassen.

3 Inzwischen den restlichen Ingwer fein reiben. Joghurt mit Ingwer, Salz und Pfeffer würzen.

4 Das Curry offen garen, bis das Gemüse weich und die Flüssigkeit fast verdampft ist. Zwiebelgrün und Schwarzkümmel überstreuen, mit Joghurt servieren.

raffiniert | gelingt leicht

Penne arrabbiata mit Trüffelbutter

Salz
600 g Kirschtomaten
2 rote Chilischoten
1 Bund glatte Petersilie
60 g Parmesan
400 g Penne
3 EL Olivenöl
schwarzer Pfeffer, frisch gemahlen
40 g Trüffelbutter

Für 4 Personen | 35 Min. Zubereitung
Pro Portion ca. 595 kcal, 19 g EW, 23 g F, 76 g KH

1 Reichlich Wasser mit Salz zum Kochen bringen. Die Kirschtomaten waschen und halbieren. Chilischoten längs halbieren, Trennwände, Kerne und Stielansätze entfernen, das Fruchtfleisch schräg in feinste Streifen schneiden. Petersilie abbrausen, trockenschütteln und grob hacken. Den Parmesan in ganz dünne Späne hobeln (oder mit dem Sparschäler abziehen). Die Penne nach Packungsangabe al dente kochen.

2 Inzwischen die Chilis in 2 EL Olivenöl 1 Min. andünsten. Die Tomaten mit der Schnittfläche nach unten dazugeben und in 3–4 Min. behutsam weich dünsten. Salzen und pfeffern.

3 Die Penne abgießen, mit dem restlichen Öl mischen und auf vorgewärmte Teller geben. Die Trüffelbutter auf den Tomaten schmelzen lassen. Petersilie untermischen. Sofort über die Penne geben, mit Parmesanspänen bestreuen.

links: Penne arrabbiata mit Trüffelbutter | rechts: Blumenkohl-Curry mit Ingwerjoghurt

freestyle | braucht etwas Zeit

Chili-Kartoffelpüree mit Ei und Pfefferbutter

Der Klassiker Kartoffelbrei und Spiegelei kommt hier schön scharf und ganz modern daher.

800 g mehlig kochende Kartoffeln
Salz
2 rote Chilischoten
2 Schalotten
2 TL rosa Pfefferbeeren
Frühlingszwiebeln zum Anrichten
60 g Butter
200 ml Essig
¼ l Milch
schwarzer Pfeffer, frisch gemahlen
4 frische Bio-Eier, gut gekühlt
¼ TL Paprikapulver, edelsüß

Für 4 Personen | 50 Min. Zubereitung
Pro Portion ca. 365 kcal, 13 g EW, 21 g F, 31 g KH

1 Die Kartoffeln schälen, in Stücke schneiden und in gesalzenem Wasser in 20 Min. weich kochen. Inzwischen die Chilis längs halbieren, Trennwände und Kerne entfernen, abspülen und sehr fein hacken. Die Schalotten schälen und ebenfalls fein hacken. Die Pfefferbeeren im Mörser zerdrücken. Frühlingszwiebeln waschen, putzen, längs halbieren und in feine, lange Streifen schneiden.

2 20 g Butter erhitzen, die Schalotten darin glasig dünsten, die Chilis 2 Min. mitdünsten, beiseite stellen. In einem Topf 2 l Wasser mit dem Essig zum Kochen bringen.

3 Kartoffeln abgießen und etwas ausdampfen lassen. Die Milch erhitzen. Die Kartoffeln mit dem Stampfer zu Püree verarbeiten, dabei nach und nach die heiße Milch hinzufügen. Die Chilimischung unterheben, das Püree mit Salz und Pfeffer abschmecken. Warm halten.

4 Die Eier pochieren: Eier einzeln in eine Tasse schlagen und vorsichtig ins siedende Essig-Wasser gleiten lassen. Das dabei stockende Eiweiß mit zwei Löffeln über das Eigelb ziehen. Nach 2 Min. die Eier vorsichtig wenden und nochmals 2 Min. ziehen lassen. Mit der Schaumkelle herausheben, etwas abtropfen lassen und auf dem Püree anrichten.

5 40 g Butter erhitzen, bis sie schäumt, Pfefferbeeren und Paprika dazugeben, mischen und sofort über die pochierten Eier gießen. Mit Frühlingszwiebelstreifen anrichten.

PASST GUT ZU

gebratenen oder gegrillten Garnelen oder Fischfilets wie z. B. Rotbarsch. Oder zu kurz gebratenen Rinder- oder Hirsch-Medaillons.

WÜRZ-VARIANTEN

Die Pfefferbutter mit grob zerstoßenem schwarzem Pfeffer und frisch geriebener Muskatnuss würzen. Reichlich gehackte Petersilie unter das Püree heben.

asiatisch | leicht scharf

Gemüsewok

700 g Brokkoli | 250 g Zuckerschoten
200 g Reis-Bandnudeln
1 Bund Frühlingszwiebeln
1 Stück frischer Ingwer (20 g)
2–3 Knoblauchzehen | 50 g Cashewkerne
400 ml Gemüsefond
2 EL Erdnussöl | 3 TL gelbe Currypaste (Asialaden)
1 Dose Kokosmilch, ungesüßt (400 ml)
Salz | schwarzer Pfeffer, frisch gemahlen

Für 4 Personen | 50 Min. Zubereitung
Pro Portion ca. 580 kcal, 28 g EW, 30 g F, 86 g KH

1 Brokkoli und Zuckerschoten waschen und putzen. Brokkoli in Röschen teilen, Zuckerschoten schräg in 3 cm Stücke schneiden. Gemüse portionsweise über Dampf je nach Sorte 3–5 Min. al dente garen, dann eiskalt abspülen und beiseite stellen.

2 Reisnudeln in lauwarmem Wasser einweichen und nach Packungsangabe al dente garen. Kalt abspülen. Inzwischen die Frühlingszwiebeln putzen, das Weiße hacken, das Grün in feine Ringe schneiden. Ingwer und Knoblauch schälen und sehr fein hacken. Cashews in einer trockenen Pfanne ganz leicht rösten. Gemüsefond erhitzen.

3 Wok mit Öl erhitzen, Ingwer und Zwiebeln darin anbraten, Knoblauch unter Rühren mitbraten. Currypaste unter Rühren 1 Min. anrösten, mit Gemüsefond ablöschen, etwas einkochen lassen. Kokosmilch dazugeben, aufkochen lassen. Salzen und pfeffern. Gemüse und Nudeln unter Rühren erhitzen. Mit Zwiebelgrün und Nüssen bestreuen.

frisch & scharf | gelingt leicht

Grünes Asia-Omelett

6 Frühlingszwiebeln
1–2 grüne Thai-Chilischoten
1 Bund Koriandergrün
½ TL getrockneter grüner Pfeffer
8 Eier | Salz
100 g Frischkäse | 2 EL Butter
½ Kästchen Kresse, z. B. Daikonkresse

Für 4 Personen | 25 Min. Zubereitung
Pro Portion ca. 245 kcal, 18 g EW, 18 g F, 4 g KH

1 Frühlingszwiebeln putzen, das Weiße hacken, das Grün in feine Ringe schneiden. Chilis längs halbieren, putzen, sehr fein hacken. Koriander abbrausen, trockentupfen, einige Blättchen ganz lassen, den Rest hacken. Pfeffer zerstoßen.

2 Eier verquirlen, mit Salz und Pfeffer würzen. Den Frischkäse in Flöckchen untermischen.

3 In zwei großen Pfannen je 1 EL Butter schmelzen, bis sie schäumt. Das Zwiebelweiß glasig dünsten. Die Eimasse hineingießen, auf schwache Hitze herunterschalten. Eimasse mit Chilis und Zwiebelgrün bestreuen und backen, bis die Omeletts unten gestockt und oben noch etwas feucht sind. Gehackten Koriander darüber streuen. Omeletts zusammenklappen, in Portionen teilen, mit Koriander und Kresse dekorieren.

VARIANTE – MEDITERRAN

Würfelchen von roten Paprikaschoten und Schalotten in Olivenöl weich dünsten. Ei mit Flöckchen von Ziegenfrischkäse darüber gießen. Mit reichlich Petersilie bestreuen.

links: Gemüsewok | rechts: Grünes Asia-Omelett

Verführerische Desserts

Aufregend, wie anders ein Dessert sein kann: Versuchen Sie einmal eine »Freestyle«-Kombination aus Schokolade und Chili. Oder lassen Sie sich vom Orient inspirieren zu meinem Lieblings-Orangensalat, der durch die Safransahne zu etwas ganz Besonderem wird.

Orangensalat mit Pistazien und Safransahne

4 Orangen, davon 1 Bio
1 Msp. Safranfäden
2½ EL brauner Zucker
20 g geschälte grüne Pistazienkerne
4 Stiele Minze
100 g stichfeste saure Sahne

Für 4 Personen | ⌚ 25 Min. Zubereitung
Pro Portion ca. 145 kcal, 3 g EW, 5 g F, 22 g KH

1 Die Bio-Orange heiß waschen und trockenreiben. 1 TL Schale fein abreiben, den Saft auspressen. Die anderen Orangen so schälen, dass alles Weiße entfernt wird. Früchte halbieren und in dünne Scheiben schneiden. Den austretenden Saft auffangen.

2 Safranfäden im Mörser zerreiben, mit 1 EL Orangensaft mischen. Etwa 150 ml Orangensaft mit 2 EL Zucker in 6–8 Min. zu einem Sirup einkochen lassen, die Orangenschale untermischen.

3 Die Orangen auf Schälchen anrichten, mit dem Sirup beträufeln. Die Pistazien hacken und darüber streuen. Die Minze abbrausen und trockenschütteln. Die Sahne mit ½ EL Zucker und der Safranmischung verrühren. Orangen mit Sahne und Minzeblättern anrichten.

PASST AUCH GUT ZUR SAFRANSAHNE

4 reife, aromatische Pfirsiche oder 12 reife Aprikosen 15–20 Sek. in kochendes Wasser tauchen, dann kalt abschrecken. Die Früchte häuten, halbieren und die Kerne entfernen. Die Fruchthälften mit der Safransahne füllen, mit gehackten Pistazien bestreuen und mit Minzeblättchen dekorieren.

schmeckt auch Kindern

Karamellisierter Kardamom-Milchreis

120 g Milchreis | 700 ml Milch | 1 Prise Salz | 2 EL Pistazienkerne | 1 Bio-Zitrone | 5 grüne Kardamomkapseln | 4 EL brauner Zucker

Für 4 Personen | 40 Min. Zubereitung
Pro Portion ca. 310 kcal, 9 g EW, 9 g F, 48 g KH

1 Den Reis mit Milch und Salz im offenen Topf nach Packungsangabe etwa 30 Min. garen, dabei öfter umrühren.

2 Inzwischen den Backofen auf 220° (200° Umluft) vorheizen. Die Pistazien hacken. Die Zitrone heiß waschen und abtrocknen. Etwa 1 TL Schale fein abreiben. Aus den Kardamomkapseln die Samen herauslösen und mit 2 EL Zucker im Blitzhacker pulverisieren. Den fertigen Milchreis mit Kardamomzucker und Zitronenschale würzen.

3 Den Milchreis in ofenfeste Portionsschälchen füllen. Etwa 10 Min. abkühlen lassen. Mit dem restlichen Zucker bestreuen. Die Grillfunktion des Ofens zuschalten, den Milchreis im Ofen 3–4 Min. grillen, bis der Zucker karamellisiert. Mit gehackten Pistazien bestreuen.

VARIANTE – GEWÜRZSIRUP

½ l Orangensaft mit 3 EL Zitronensaft, 200 g Zucker und 1 Sternanis (oder 1 Zimtstange) aufkochen und 20–30 Min. sprudelnd kochen lassen, bis die Mischung sirupartig eindickt. Zum Milchreis servieren.

VARIANTE – MIT WÜRZIGEN MANDELN

100 g Mandelstifte und 50 g getrocknete Cranberries im Blitzhacker zerkleinern (wie groben Grieß). 3 EL braunen Zucker und 1 Msp. Zimt im Blitzhacker zu Puderzucker zerkleinern. Unter die Mandeln mischen. Alles über den Milchreis streuen.

gelingt leicht

Bananen in Muskatbutter

8 Babybananen | 30 g Butter | 2 EL Zucker | 1 Bio-Saftorange | 50 g Frischkäse (16 % Fett) | Muskatnuss, frisch gerieben | Minzeblättchen

Für 4 Personen | 20 Min. Zubereitung
Pro Portion ca. 170 kcal, 3 g EW, 7 g F, 25 g KH

1 Bananen schälen und längs halbieren. Butter schmelzen, bis sie schäumt, Zucker darin karamellisieren, dabei rühren. Bananen sanft in 6–8 Min. gold-gelb und weich braten, gelegentlich wenden.

2 Inzwischen Orange heiß waschen und abtrocknen. Schale fein abreiben, Saft auspressen. Frischkäse mit 1–2 EL Saft glatt rühren.

3 Bananen aus der Pfanne nehmen. Bratsatz mit dem restlichen Saft ablöschen, sirupartig einkochen lassen. Bananen anrichten, mit Sirup beträufeln, mit Muskat würzen. Auf jede Portion 1 Klecks Frischkäse setzen, mit Minze dekorieren.

ganz einfach | erfrischend

Melone mit Zimt-Portwein

2 kleine, reife Melonen, z. B. Charantais | 2 EL Limettensaft | 2 EL brauner Zucker | 2 Msp. Zimtpulver | 4 Stiele Melisse | 120 ml weißer Portwein (ersatzweise Saft)

Für 4 Personen
10 Min. Zubereitung | 1 Std. Marinieren
Pro Portion ca. 160 kcal, 1 g EW, 0 g F, 30 g KH

1 Die Melonen quer halbieren, die Kerne herauskratzen. Die Schnittflächen mit Limettensaft beträufeln. Zucker mit Zimt im Blitzhacker pulverisieren, über die Schnittflächen streuen. Zugedeckt im Kühlschrank 1 Std. marinieren.

2 Melisse abbrausen und trockenschütteln. Die Melonen in Schälchen stellen, so dass sie nicht kippen können. Mit Melisse dekorieren. Jede Hälfte mit 2 EL Portwein füllen. Einfach auslöffeln.

für Gäste | freestyle

Schoko-Zimt-Mousse mit Chilipüree

100 g getrocknete Aprikosen (Softfrüchte)
150 ml Orangensaft
200 g gute dunkle Schokolade (85 % Kakaoanteil)
2 Eier | 3 EL Vanillezucker | 1/4 TL Zimtpulver
2 EL Obstler, z. B. Aprikosenbrand, nach Belieben
200 g Sahne
1 mittelgroße rote Chilischote (etwa 25 g)
2 TL Aceto balsamico

Für 4 Personen
40 Min. Zubereitung | 5 Std. Kühlen
Pro Portion ca. 580 kcal, 9 g EW, 34 g F, 55 g KH

1 Aprikosen im Orangensaft einweichen. Schokolade in Stücke teilen, schmelzen, lauwarm abkühlen lassen. Inzwischen die Eier trennen. Die Eiweiße steif schlagen und kühl stellen. Die Eigelbe mit 2 EL Vanillezucker cremig-hell rühren.

2 Die Eigelbmasse mit Zimt und nach Belieben Obstler zur Schokolade geben. Die Sahne steif schlagen, dabei den restlichen Vanillezucker einrieseln lassen. Zuerst die Sahne unter die Schokoladenmasse heben, danach das Eiweiß. Die Mousse abgedeckt im Kühlschrank in 4–5 Std. fest werden lassen.

3 Inzwischen die Chilischote mit einem scharfen Messer oder Sparschäler sehr fein abschälen, längs halbieren, die Trennwände und Kerne entfernen. Das Fruchtfleisch hacken und mit Orangensaft und Aprikosen fein pürieren. Mit Essig abschmecken.

4 Von der festen Mousse mit 2 Löffeln Nocken abstechen, mit dem Püree anrichten.

das mögen auch Kinder | ganz einfach

Süße Exoten-Gazpacho

8 grüne Kardamomkapseln
150 ml Orangensaft
700 ml roter Traubensaft
2 EL Zucker
1 Stück Sternanis | 1 Zimtstange
1 kleine getrocknete Chilischote
1 kleine Mango
1 kleine Papaya
4 Kakifrüchte | 1 Limette
Minze zum Anrichten

Für 4 Personen
30 Min. Zubereitung | 1 Std. Kühlen
Pro Portion ca. 350 kcal, 2 g EW, 0 g F, 75 g KH

1 Kardamom im Mörser etwas anstoßen, so dass die Kapseln brüchig werden. Orangensaft mit 200 ml Traubensaft, Zucker und Gewürzen aufkochen und in etwa 15 Min. bei starker Hitze zu einem Sirup einkochen lassen.

2 Inzwischen die Mango schälen und vom Stein schneiden. Papaya schälen, längs halbieren, Kerne herauskratzen. Kakis schälen. Alle Früchte in etwa 4 mm kleine Würfel schneiden. Limette auspressen, den Saft auf die Früchte träufeln.

3 Den Gewürzsirup abseihen, mit dem restlichen Traubensaft mischen. Über die Früchte gießen und etwa 1 Std. im Kühlschrank durchziehen lassen.

4 Die Gazpacho in Glasschälchen anrichten, mit Minze dekorieren.

UND DAZU?
Vanille-Eis und kleine Makronen

oben: Schoko-Zimt-Mousse mit Chilipüree | unten: Süße Exoten-Gazpacho

gelingt leicht | preiswert

Karamellisierte Apfelspalten

30 g Mandelstifte
4 säuerliche Äpfel
40 g Butter
3 EL flüssiger Honig
1 Msp. Zimtpulver
1 Msp. gemahlene Gewürznelke
schwarzer Pfeffer, frisch gemahlen
2 Stiele Minze
150 g Joghurt
1 TL Zitronensaft

Für 4 Personen | 20 Min. Zubereitung
Pro Portion ca. 270 kcal, 3 g EW, 14 g F, 32 g KH

1 Die Mandelstifte in einer Pfanne ohne Fett goldgelb rösten, beiseite stellen. Die Äpfel schälen, vierteln, Kerngehäuse herausschneiden, die Viertel in Spalten schneiden.

2 Die Butter in der Pfanne schmelzen, bis sie leicht schäumt, 2 EL Honig dazugeben, unter Rühren leicht karamellisieren lassen. Die Apfelspalten darin in 6–8 Min. weich braten, öfter wenden. Mit Zimt und Nelkenpulver bestäuben, leicht pfeffern.

3 Die Minze abbrausen und trockenschütteln, die Blättchen fein hacken, einige ganz lassen. Den Joghurt mit Zitronensaft und 1 EL Honig verrühren, die Minze untermischen.

4 Die heißen Äpfel mit Joghurt und Minze anrichten, mit Mandelstiften bestreuen und sofort servieren.

erfrischend

Limetten-Kokos-Sorbet

50 g brauner Zucker
6 Limetten, davon 1 Bio
1 Eiweiß
Muskatnuss, frisch gerieben
Salz
1 Dose Kokosdrink (330 ml), schwach gezuckert
2 EL Wodka nach Belieben

Für 4 Personen
15 Min. Zubereitung | 4–6 Std. Kühlen
Pro Portion ca. 200 kcal, 3 g EW, 12 g F, 15 g KH

1 Den Zucker mit 100 ml Wasser aufkochen lassen. Unter Rühren köcheln lassen, bis sich der Zucker vollständig gelöst hat. Die Bio-Limette heiß waschen und abtrocknen, die Schale fein abreiben. Alle Limetten auspressen, 90 ml Saft abmessen. Das Eiweiß leicht schlagen, ¼ TL Muskat und 1 Prise Salz unterschlagen.

2 Zuckerwasser, Limettensaft und -schale, Eiweiß und Kokosdrink gut mischen. Nach Belieben den Wodka dazugeben. Die Masse in eine Metallschüssel geben und in das Gefriergerät stellen. Nach etwa 2 Std. die Masse vom Rand her durchrühren. Diesen Vorgang alle 30 Min. wiederholen, bis sich ein fein-kristalliges Sorbet gebildet hat.

UND DAZU?

2 Papayas schälen, längs halbieren, entkernen und in dünne Scheiben schneiden. Mit Limettensaft beträufeln, nach Belieben leicht pfeffern. Sorbet darauf anrichten, mit Limettenscheiben und Minzeblättchen dekorieren.

links: Karamellisierte Apfelspalten | rechts: Limetten-Kokos-Sorbet

Glossar

Baharat

Die orientalische Gewürzmischung gibt es in türkischen oder orientalischen Supermärkten. Ein Rezept zum Selbermischen steht auf Seite 30. Man verwendet Baharat für Suppen, Reisgerichte und Eintöpfe mit Lamm oder Geflügel.

Chilischoten

Die meisten Chilischoten im Supermarkt gehören zu der Sorte Dutch Red (Schärfegrad 6). Die kleineren roten und grünen Thai-Chilis aus dem Asia-Markt sind deutlich schärfer (Grad 8). Mit etwas Glück findet man mexikanische Habaneros mit Schärfegrad 10.

Cumin/Kreuzkümmel

Die bräunlichen, sichelförmigen Samen schmecken und riechen ganz anders als herkömmlicher Kümmel. Cumin hat ein starkes, warmes Aroma und einen herbscharfen Geschmack. Er wird in der indischen und orientalischen Küche verwendet.

Currypulver

Es gibt unzählige Sorten; die meisten enthalten Koriander, Cumin und das gelb färbende Kurkuma. Dazu Pfeffer und Chili für die Schärfe, Bockshornklee für herbe Würze und Kardamom oder Zimt für feines Aroma. Würz-Anfänger sollten ein mildes Pulver wählen und nach Belieben mit Cayenne nachschärfen.

Currypaste

Die Pasten bestehen aus frischen Zutaten wie Ingwer, Chili und Knoblauch sowie Gewürzen und Öl. Im Asia-Markt gibt es die indischen Pasten (von mild, medium bis hot) und die meist sehr scharfen thailändischen Pasten (rot, grün und gelb). Diese werden immer mit Kokosmilch zubereitet. Im Kühlschrank halten alle Pasten mehrere Wochen.

Fischsauce

Eine klare, bräunliche Sauce, die aus fermentiertem Fisch hergestellt wird. Sie riecht sehr intensiv und schmeckt angenehm würzig. Wichtiges Würzmittel in der thailändischen und vietnamesischen Küche.

Galgant

Die helle, leicht rosafarbene Wurzel ist mit dem Ingwer verwandt, ist aber etwas weniger scharf, süßlich warm, mit leicht harziger Note. Er wird in Scheiben an Suppen gegeben oder gerieben z. B. an Salate oder Thai-Currypasten.

Granatapfelsirup

Der melasseartige, dunkelrot-bräunliche Sirup besitzt eine fruchtigherbe Säure und wird zum Marinieren von Fleisch oder zum Würzen von Saucen verwendet. Man gewinnt ihn aus unreifen Granatäpfeln. Nicht verwechseln mit dem süßeren Grenadine.

Harissa

Die feurig-scharfe Paste aus Chilischoten, Knoblauch, Olivenöl, Cumin, Koriander und Salz würzt orientalische Suppen und Eintöpfe. Man bekommt sie in Tuben in arabischen Supermärkten.

Ingwer

Die silbrig-hellen Wurzeln haben ein zitroniges Aroma und beißende Schärfe. Nur pralle, glänzende Wurzeln kaufen. Stumpfe, schrumpelige Wurzeln schmecken bitter. Ingwer wird geschält und kommt meist fein gehackt oder gerieben an das Essen.

Kaffirlimettenblätter

Die dunkelgrünen, glänzenden Blätter werden im Ganzen mitgekocht und vor dem Servieren entfernt oder in feinsten Streifen mitgegessen. Sie geben den Speisen ein kräftiges Zitronenaroma. Die Blätter lassen sich gut einfrieren.

Kardamom

Vorzugsweise sollten Sie die Kapseln kaufen. Diese vor Gebrauch leicht anstoßen und im Ganzen mitkochen. Oder die Samen rösten und mahlen.

Koriandergrün

Die zarten Blättchen werden in der arabischen, mittelamerikanischen und asiatischen Küche eingesetzt. Besonders die Thaiküche geht verschwenderisch damit um, hier werden auch die Wurzeln verwendet. Das Aroma ist intensiv, der Geschmack frisch, leicht süßlich, ein wenig anisartig.

Sambal Oelek

Die bekannte Fertig-Paste aus Chili, Salz und Essig sollte wegen ihrer intensiven Schärfe nur in geringen Mengen verwendet werden. Milder sind Sambal Brandal oder Sambal Manis.

Schwarzkümmel

Die kleinen, samtschwarzen Samen duften stark aromatisch und sind nussig und herb im Geschmack. Man streut sie über Pasten oder verwendet sie als Brotgewürz, z. B. auf Fladenbrot.

Tahini (Tahina, Tahin)

ist eine Paste aus gemahlenen Sesamsamen und wird in der arabischen Küche verwendet, u. a. für Hummus. Man kann Tahini auch sehr gut aufs Brot streichen. Tahini aus ungeschältem Sesam ist dunkler und herber als das aus geschältem Sesam. Vor der Verwendung umrühren, weil sich das Öl leicht absetzt.

Wasabi

Der japanische grüne Meerrettich wird vor allem für Sushi verwendet, ist aber auch ein interessantes Würzmittel von ausgeprägter frischer Schärfe. Es gibt Wasabi in Asia-Supermärkten als Pulver zum Anrühren oder als Paste in der Tube.

Zitronengras verwenden

Zitronengras gibt den Gerichten einen frisch-säuerlichen Geschmack. Von den harten schilfartigen Stielen werden nur die unteren kolbenförmigen Teile verwendet. Man entfernt die trockenen äußeren Blätter, klopft die inneren Teile mit einem schweren Messer oder dem Fleischhammer faserig und kocht sie im Ganzen mit. Vor dem Servieren herausnehmen.

Register

Zum Gebrauch
Damit Sie Rezepte mit bestimmten Zutaten noch schneller finden können, stehen in diesem Register zusätzlich auch beliebte Zutaten wie **Cumin** oder **Ingwer** – ebenfalls alphabetisch geordnet und **hervorgehoben** – über den entsprechenden Rezepten.

DAS ORIGINAL MIT GARANTIE

Ihre Meinung ist uns wichtig. Deshalb möchten wir Ihre Kritik, aber auch Ihr Lob erfahren, um als führender Ratgeberverlag noch besser zu werden. Darum schreiben Sie uns! Wir freuen uns auf Ihre Post und wünschen Ihnen viel Spaß mit Ihrem GU-Ratgeber.

Unsere Garantie: Sollte ein GU-Ratgeber einmal einen Fehler enthalten, schicken Sie uns das Buch mit einem kleinen Hinweis und der Quittung innerhalb von sechs Monaten nach dem Kauf zurück. Wir tauschen Ihnen den GU-Ratgeber gegen einen anderen zum selben oder ähnlichen Thema um.

GRÄFE UND UNZER VERLAG

Redaktion
Kochen & Verwöhnen

Postfach 86 03 13
81630 München
Fax: 0 89/4 19 81-113

oder schreiben Sie uns eine E-Mail an:
leserservice@graefe-und-unzer.de

Programmleitung: Doris Birk
Leitende Redakteurin:
Birgit Rademacker
Redaktion: Birgit Rademacker
Lektorat: Adelheid Schmidt-Thomé
Layout, Typografie und Umschlaggestaltung: independent Medien-Design, München
Satz: Uhl + Massopust, Aalen
Herstellung: Petra Roth
Reproduktion:
Penta Repro, München
Druck und Bindung:
Appl, Wemding

ISBN (10) 3-8338-0322-3
ISBN (13) 978-3-8338-0322-2

Auflage	5.	4.	3.	2.	1.
Jahr	2010	09	08	07	06

GRÄFE UND UNZER

Ein Unternehmen der
GANSKE VERLAGSGRUPPE

Die Autorin

Bettina Matthaei, Kochbuchautorin und Fachjournalistin (Mitglied im Food Editors Club), hat eine besondere Leidenschaft für Gewürze (2005 Silbermedaille der GAD für das Buch »Würzen« im GRÄFE UND UNZER VERLAG). Außerdem hält sie Vorträge und veranstaltet Workshops zum Thema Gewürze. Ihre aromatischen Gewürzmischungen kann man auch online bestellen (www.1001gewuerze.de)

Der Fotograf

Wolfgang Schardt kann seine Liebe für Essen und Trinken beruflich ausleben: In seinem Fotostudio in Hamburg fotografiert er vorwiegend Food, Stills und Interieur für Magazine wie den FEINSCHMECKER sowie für Verlage und Werbung. Die würzigen Rezepte in diesem Buch wurden von Roland Geiselmann und Maria Grossmann in Szene gesetzt.

Bildnachweis:

Titelfoto: Joerg Lehmann, Paris; alle anderen: Wolfgang Schardt, Hamburg

Titelbildrezept:

Lammfilets mit Rosmarin von Seite 26

GU-EXPERTEN-SERVICE

Haben Sie Fragen zu den Rezepten oder benötigen Sie weiteren Rat zum Thema? Dann schreiben Sie uns. Unsere Experten helfen Ihnen gerne weiter. Unsere Adresse finden Sie links.

Kochlust pur.

Die neuen KüchenRatgeber – da steckt mehr drin.

ISBN (10) 3-8338-0299-5
ISBN (13) 978-3-8338-0299-7

ISBN (10) 3-8338-0300-2
ISBN (13) 978-3-8338-0300-0

ISBN (10) 3-8338-0306-1
ISBN (13) 978-3-8338-0306-2

Preis je Band: 7,50 €

ISBN (10) 3-8338-0308-8
ISBN (13) 978-3-8338-0308-6

ISBN (10) 3-8338-0314-2
ISBN (13) 978-3-8338-0314-7

ISBN (10) 3-8338-0317-7
ISBN (13) 978-3-8338-0317-8

Änderungen und Irrtum vorbehalten.

Das macht sie so besonders:

Neue mmmh-Rezepte – unsere beste Auswahl für Sie

Praktische Klappen – alle Infos auf einen Blick

Die 10 GU-Erfolgstipps – so gelingt es garantiert

GU

Willkommen im Leben.

Menüplaner (Die Menüs sind jeweils für 4 Personen)

Asiatisches Menü

Thaisalat mit Tunfisch (Seite 10)
Garnelen in Koriander-Kokos-Sauce (Seite 40)
Limetten-Kokos-Sorbet (Seite 56)

Mediterranes Menü

Gegrillter Ziegenkäse auf Tomaten (Seite 15)
Zitronenhuhn mit Thymian (Seite 25)
Orangensalat mit Pistazien und Safransahne (Seite 51)

Orientalisches Menü

Hummus à l'orange (Seite 13)
Pilaf mit Lammhack und Datteln (Seite 30)
Karamellisierte Apfelspalten (Seite 56)

Freestyle-Menü

Aprikosen-Tomaten-Suppe (Seite 19)
Geschmortes Rind mit Kirschen (Seite 23)
Schoko-Zimt-Mousse mit Chilipüree (Seite 54)

Sommerliches Menü

Gegrillter Ziegenkäse auf Tomaten (Seite 15)
Forelle mit Apfel-Minz-Füllung auf Zucchini (Seite 34)
Melone mit Zimt-Portwein (Seite 53)

Winterliches Menü

Aprikosen-Tomaten-Suppe (Seite 19)
Schweinefilet mit Wacholder-Apfel-Sauce (Seite 33)
Orangensalat mit Pistazien und Safransahne (Seite 51)

Vegetarisches Menü

Warmer Gurkensalat mit Minze-Joghurt (Seite 9)
Gemüsewok (Seite 48)
Bananen in Muskatbutter (Seite 53)

Kalorienarmes Menü

Fruchtiger Möhrensalat (Seite 30, Beilage)
Forelle mit Apfel-Minz-Füllung auf Zucchini (Seite 34)
Limetten-Kokos-Sorbet (Seite 56)

Preiswertes Menü

Möhren-Dattel-Paste (Seite 13)
Pilaf mit Lammhack und Datteln (Seite 30)
Karamellisierte Apfelspalten (Seite 56)

Menü für Gäste

Safransuppe mit Mandeln (Seite 19)
Lammfilets mit Rosmarin und Selleriepüree (Seite 26)
Schoko-Zimt-Mousse mit Chilipüree (Seite 54)

Schnelles Menü

Warmer Gurkensalat mit Minze-Joghurt (Seite 9)
Grünes Asia-Omelett (Seite 48) oder Sesam-Lachs mit Aprikosen-Dip (Seite 39)
Mango-Kokos-Drink (Seite 65)

Easy-Menü

Avocado-Wasabi-Dip (Seite 12)
Blumenkohl-Curry mit Ingwerjoghurt (Seite 44)
Kefirdrink mit Ahornsirup (Seite 65)